MW00961816

Made in the USA
Las Vegas, NV
19 November 2023

81159420R00057